Chopin
2010

WYDANIE NARODOWE
DZIEŁ FRYDERYKA CHOPINA

NATIONAL EDITION
OF THE WORKS OF FRYDERYK CHOPIN

RONDOS
Opp. 1, 5, 16

NATIONAL EDITION
Edited by JAN EKIER

Foundation
for the National Edition
of the Works of Fryderyk Chopin

PWM
EDITION

SERIES A. WORKS PUBLISHED DURING CHOPIN'S LIFETIME. VOLUME VIII

FRYDERYK CHOPIN

RONDA
Op. 1, 5, 16

WYDANIE NARODOWE
Redaktor naczelny: JAN EKIER

FUNDACJA WYDANIA NARODOWEGO
POLSKIE WYDAWNICTWO MUZYCZNE SA
WARSZAWA 2022

SERIA A. UTWORY WYDANE ZA ŻYCIA CHOPINA. TOM VIII

Redakcja tomu: Jan Ekier, Paweł Kamiński

Komentarz wykonawczy i Komentarz źródłowy (skrócony) dołączone są do nut głównej
serii *Wydania Narodowego* oraz do strony internetowej www.chopin-nationaledition.com

Pełne *Komentarze źródłowe* do poszczególnych tomów wydawane są oddzielnie.

Wydany w oddzielnym tomie *Wstęp do Wydania Narodowego Dzieł Fryderyka Chopina*
– 1. *Zagadnienia edytorskie* obejmuje całokształt ogólnych problemów wydawniczych,
zaś *Wstęp… – 2. Zagadnienia wykonawcze* – całokształt ogólnych problemów interpretacyjnych.
Pierwsza część *Wstępu* jest także dostępna na stronie www.pwm.com.pl

Wydane pośmiertnie *Ronco C-dur* znajduje się w tomie 35 **B IX**.

Editors of this Volume: Jan Ekier, Paweł Kamiński

A *Performance Commentary* and a *Source Commentary (abridged)* are included in the
music of the main series of the *National Edition* and available on www.chopin-nationaledition.com

Full *Source Commentaries* on each volume are published separately.

The *Introduction to the National Edition of the Works of Fryderyk Chopin*,
1. *Editorial Problems*, published as a separate volume, covers general matters concerning the publication.
The *Introduction… 2. Problems of Performance* covers all general questions of the interpretation.
First part of the *Introduction* is also available on the website www.pwm.com.pl

Rondo in C major, published posthumously, is to be found in the volume 35 **B IX**.

about the Rondos ...

Op. 5

*"[...] I send you my Mazurka, the one that you know about, later you might receive another, [...].
It's now out in the world; meanwhile my Rondo, that I wanted to have lithographed, which is earlier,
and so has the greater right to travel, I smother among my papers. –
Its fate resembles my own."*

From a letter sent by F. Chopin to Jan Białobłocki in Sokołów, Warsaw 8 January 1827.

*"Nowakowski called; he was after those rondos that you wished to have lithographed for Moriolles,
but Papa withheld them. Do you bid it? Then he shall have them."*

From a letter sent by Ludwika Chopin to F. Chopin in Paris, Warsaw 27 November 1831.

Op. 16

*"I, the undersigned, domiciled in Paris, rue St. Lazare 34, confirm that I have sold
to the firm of Breitkopf & Härtel in Leipzig the right of ownership to the works
of my composition detailed below:
            [...] Op. 16. Rondo
I declare that I have ceded the right of ownership to the named firm without reservation
or restriction as to time and for all countries with the exception of France and England
and testify the receipt of the agreed fees, for which I have made out a separate receipt.*

F. Chopin."

F. Chopin to the firm of Breitkopf & Härtel in Leipzig, Paris 16 December 1843.

o Rondach ...

op. 5

„[...] posyłam Ci mój Mazurek, o którym to wiesz, później możesz dostać drugiego, [...].
Już puszczone w świat; gdy tymczasem moje to Rondo, com chciał dać litografować,
co jest wcześniejsze, a zatem prawo ma większe do wojażu, duszę w papierach. –
Z nim tak się dzieje, jak ze mną."

Z listu F. Chopina do Jana Białobłockiego w Sokołowie, Warszawa 8 I 1827.

„Był Nowakowski; chciał, żeby mu dać te ronda, coś dla Moriolles kazał wylitografować,
ale Papa nie dał. Czy każesz? to się dadzą."

Z listu Ludwiki Chopin do F. Chopina w Paryżu, Warszawa 27 XI 1831.

op. 16

„Ja, niżej podpisany, zamieszkały w Paryżu, rue St. Lazare 34, potwierdzam, iż sprzedałem
firmie Breitkopf & Härtel w Lipsku prawo własności poniżej wyszczególnionych utworów mojej
kompozycji, mianowicie:
            [...] Op. 16. Rondo
Oświadczam, że odstąpiłem prawo własności wymienionej firmie bez żadnego zastrzeżenia
ani ograniczenia po wszystkie czasy i na wszystkie kraje z wyjątkiem Francji i Anglii
i poświadczam odbiór umówionych honorariów, na co wystawiłem osobne pokwitowanie.

                                                        F. Chopin."

F. Chopin do firmy Breitkopf & Härtel w Lipsku, Paryż 16 XII 1843.

Rondo

A Madame de Linde

* Najprostsze wykonania ozdobników: t. 5   , t. 13
The simplest execution of ornaments: bar 5   , bar 13

** Palcowanie Chopinowskie w tym *Rondzie* pochodzi w całości z egzemplarza lekcyjnego.
Chopin's fingering in this *Rondo* comes entirely from a pupil's copy.

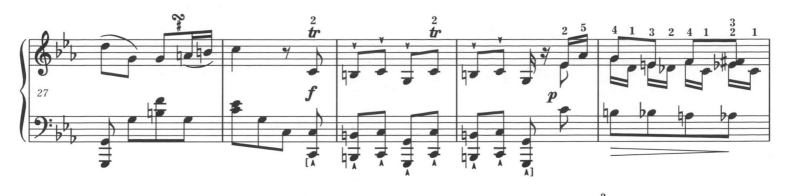

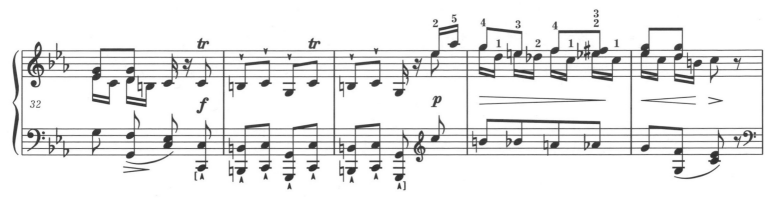

* *tr* w t. 71 i 79 można wykonać jako 𝄫.
  tr in bars 71 & 79 can be executed as 𝄫.

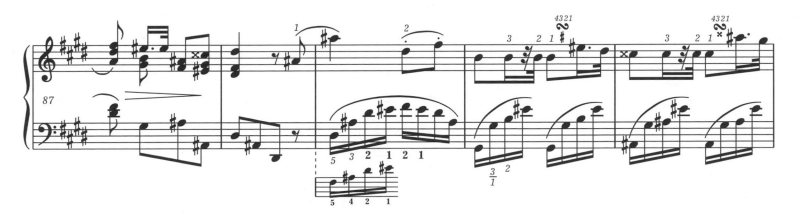

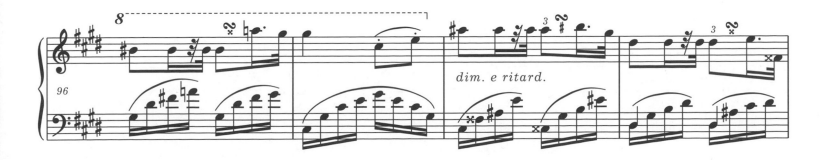

* Wybierając wersję z trylem, najlepiej wykonać go jako: [notation]. Dopuszczalne są również wykonania takie jak w t. 294.
 If chosen, the trill is best performed as follows: [notation]. It is also admissible to perform it as in bar 294.

13

a tempo, con fuoco

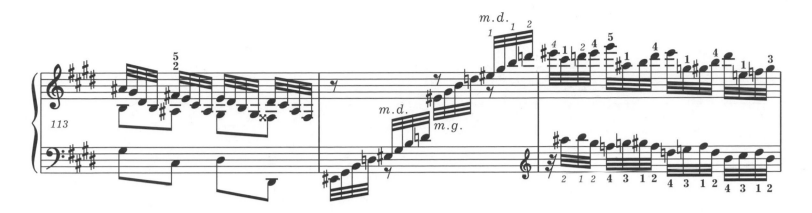

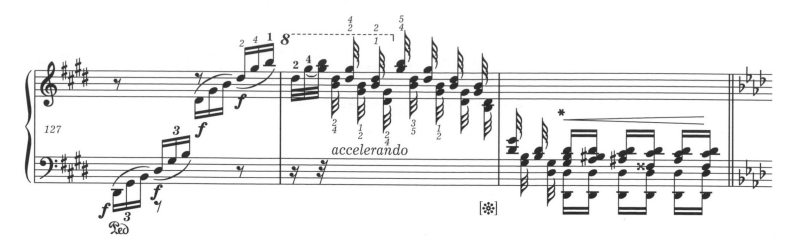

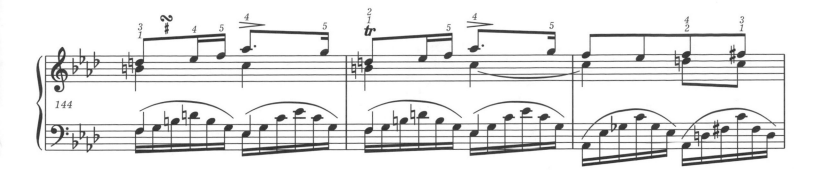

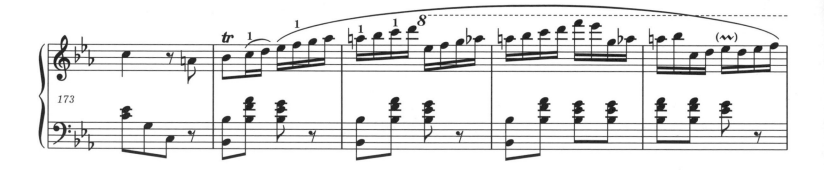

18

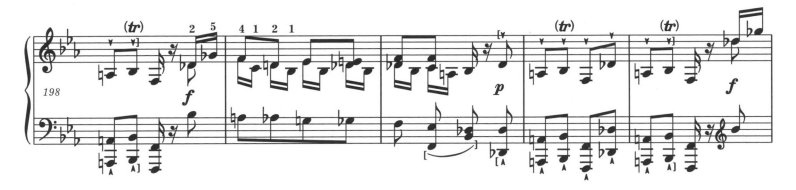

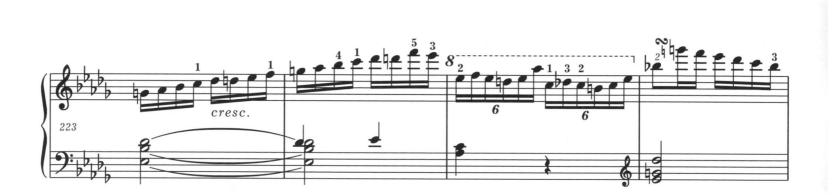

20

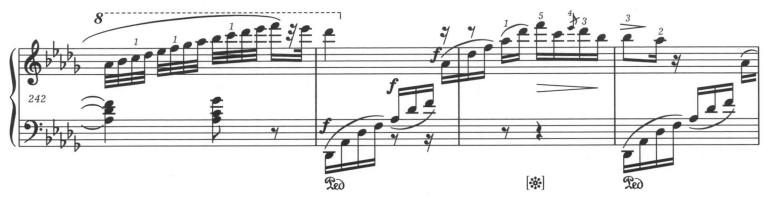

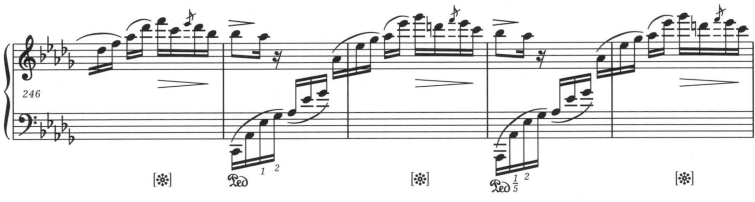

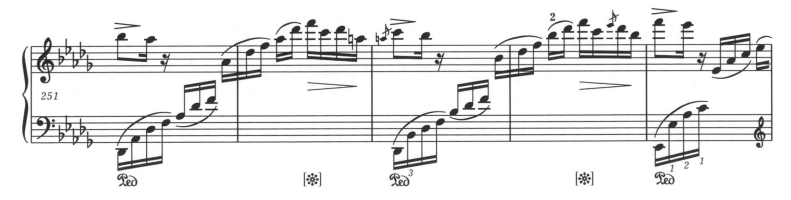

Più lento ♪=132

* Patrz *Komentarz źródłowy* i *wykonawczy*.
Vide *Source* and *Performance Commentaries*.

** W t. 275-303 oznaczenia artykulacyjne pr.r. i znaki dynamiczne zostały uzupełnione według t. 65-97. Patrz *Komentarz źródłowy*.
In bars 275-303 the R.H. articulation markings and dynamic signs were supplemented after bars 65-97. Vide *Source Commentary*.

*** **tr** w t. 281, 285 i 289 można wykonać jako.
tr in bars 281, 285 & 289 can be executed as.

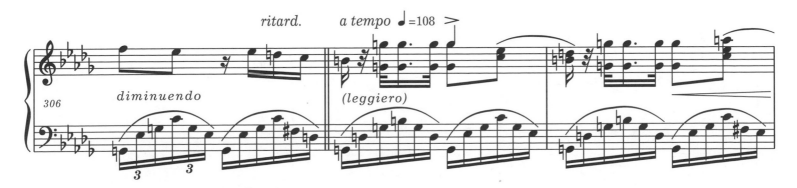

* Wersja niektórych źródeł:
  Version of some sources:

** Wykonanie:
   Execution: lub łatwiej:
                                     or easier:

24

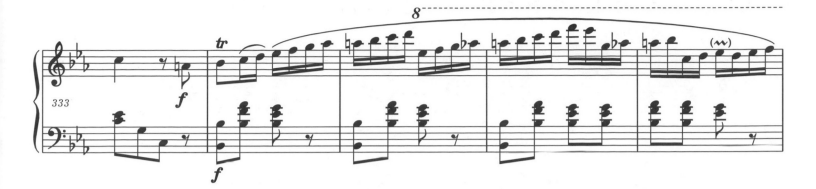

Rondeau à la Mazur

A Mademoiselle la Comtesse Alexandrine de Moriolles

op. 5

* Tutaj i dalej *tr* nad ósemkami = ∿.
  Here and henceforth *tr* over quavers = ∿.

26

FWN 8 **A VIII**

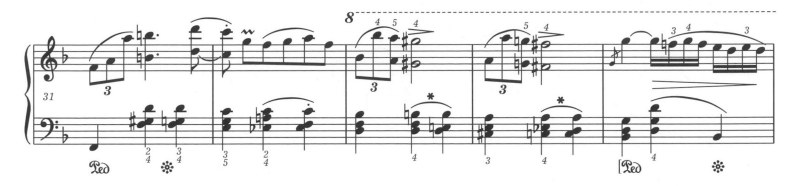

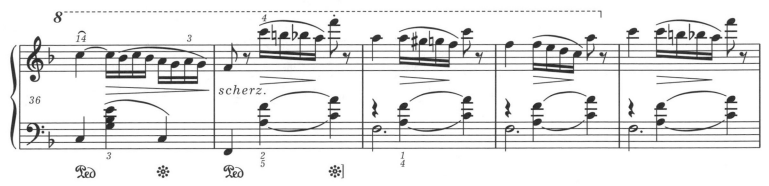

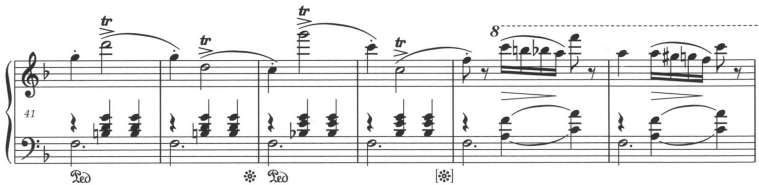

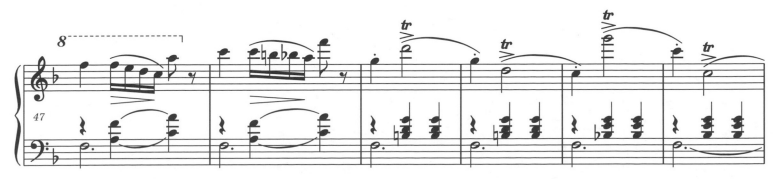

* Górne dźwięki akordów należy powtórzyć.
  Upper notes of the chords should be repeated.

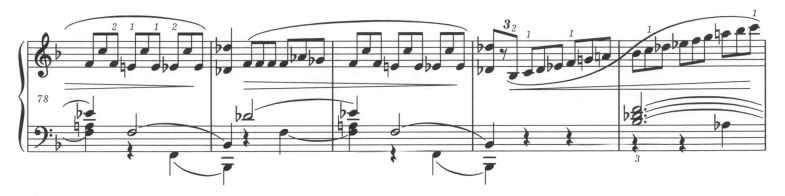

* Dopuszczalny wariant: (jak w t. 95 i 103).
Permissible variant: (as in bars 95 & 103).

FWN 8 **A VIII**

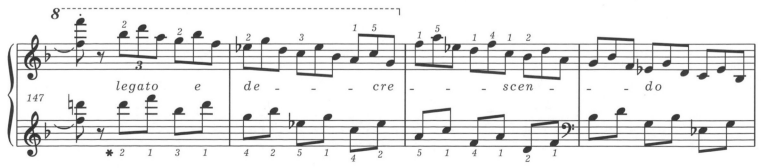

* W t. 147-150, a także 353-356 i 361-364, można również zastosować w l.r. jednolite palcowanie *3 1 3 1*.
  In bars 147-150, as well as 353-356 & 361-364, it is also possible to use in the L.H. the uniform fingering *3 1 3 1*.

il basso ben marcato

* Patrz *Komentarz wykonawczy.*
  Vide *Performance Commentary.*

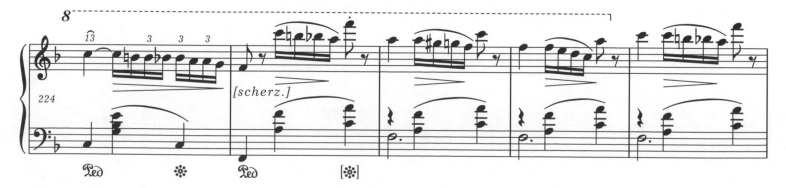

34

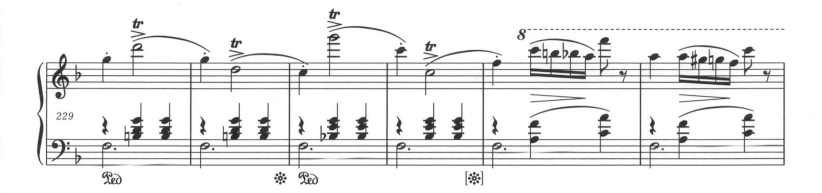

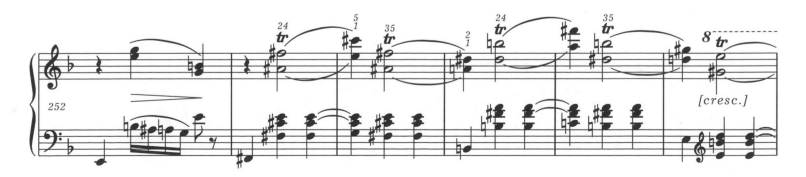

[lusingando e leggiero]

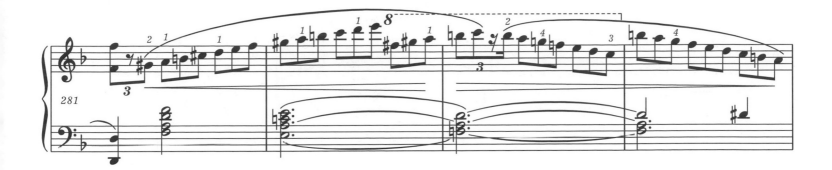

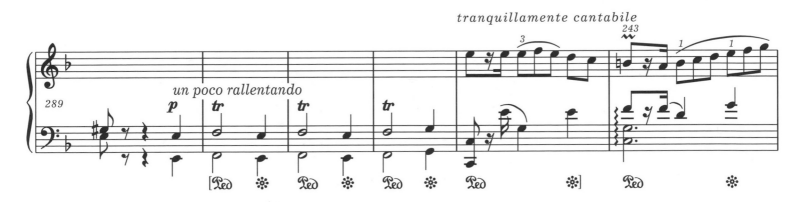

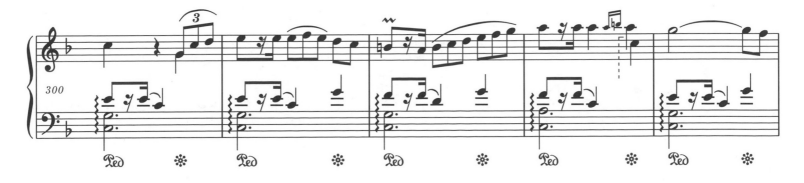

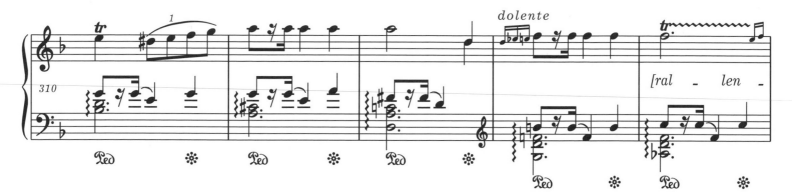

* Dźwięki *es¹* w t. 346-347 i *g¹* w t. 350-351, notowane w partiach obu rąk, wygodniej wykonać tylko l.r.
The notes *eb¹* in bars 346-347 and *g¹* in bars 350-351, notated in the parts of both hands, are more comfortably played with the L.H. only.

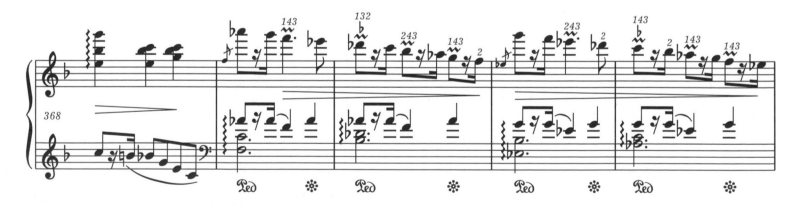

* Patrz uwaga na stronie 31.
  Vide note on page 31.

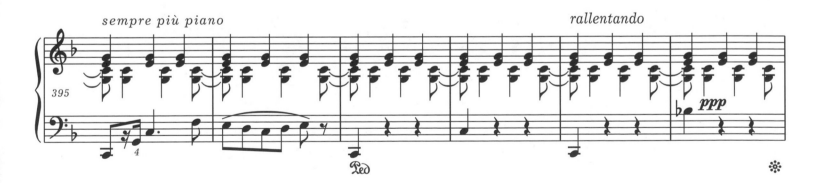

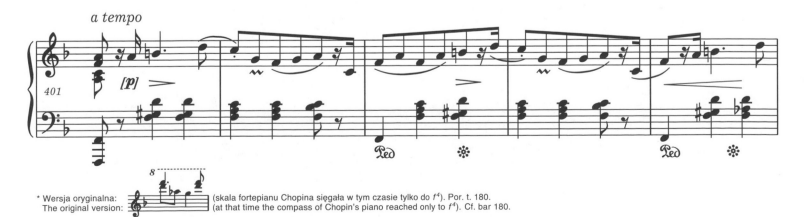

* Wersja oryginalna: (skala fortepianu Chopina sięgała w tym czasie tylko do f^4). Por. t. 180.
The original version: (at that time the compass of Chopin's piano reached only to f^4). Cf. bar 180.

* Dźwięk *c¹* należy powtórzyć.
   The note *c¹* should be repeated.

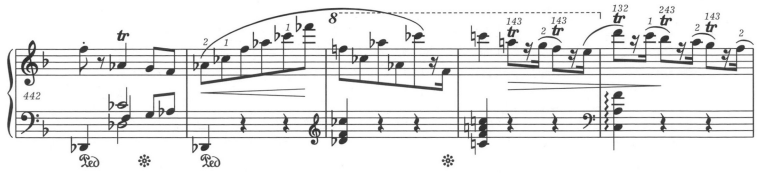

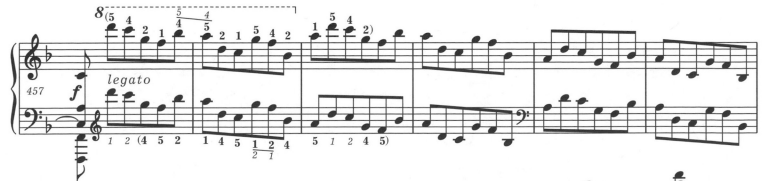

Rondo

A Mademoiselle Caroline Hartmann

INTRODUZIONE

op. 16

Andante ♩ = 84

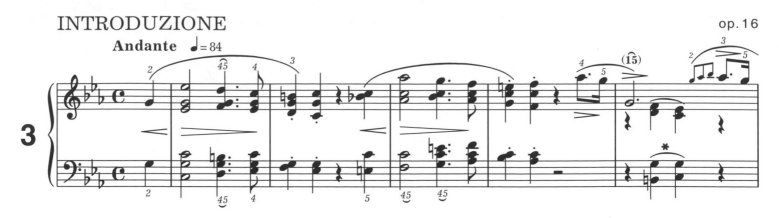

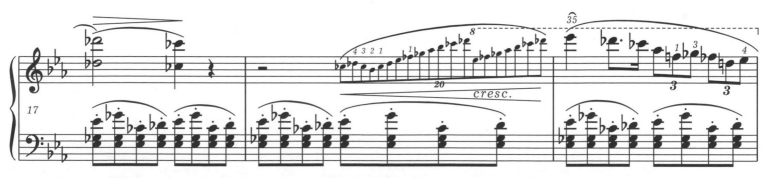

* Dźwięk *g* można powtórzyć (patrz *Komentarz źródłowy*).
The note *g* may be repeated (vide *Source Commentary*).

FWN 8 **A VIII**

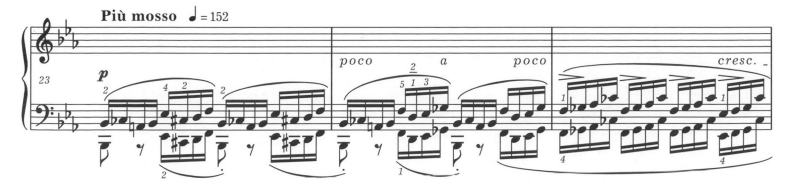

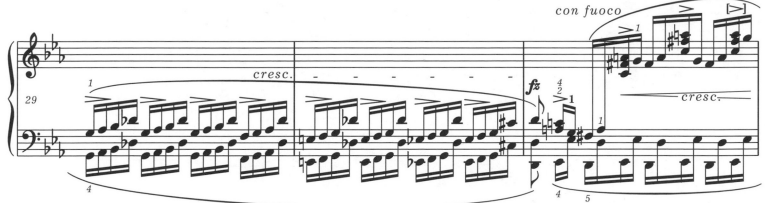

RONDO

Allegro vivace ♩ = 96

poco ritenuto

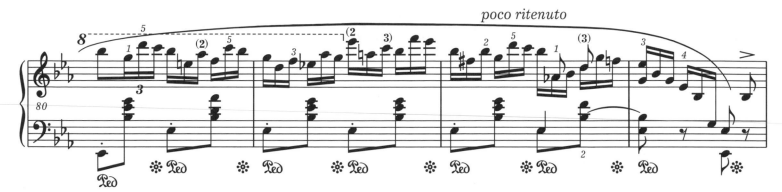

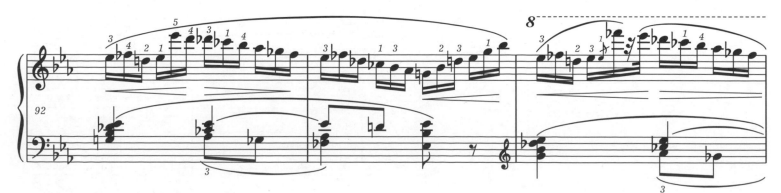

* Dźwięk *as* można powtórzyć (patrz *Komentarz źródłowy*).
The note *a♭* may be repeated (vide *Source Commentary*).

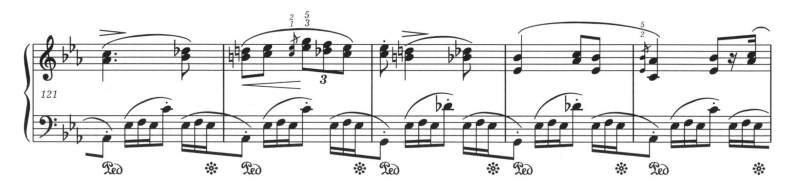

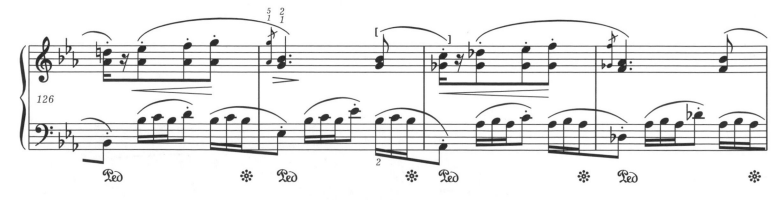

50

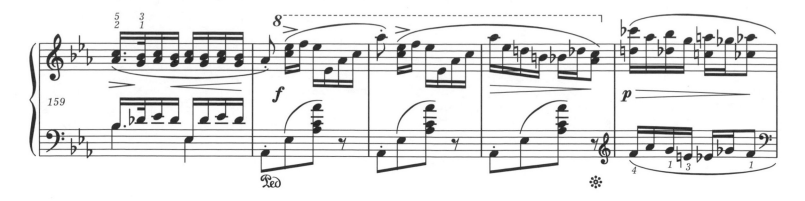

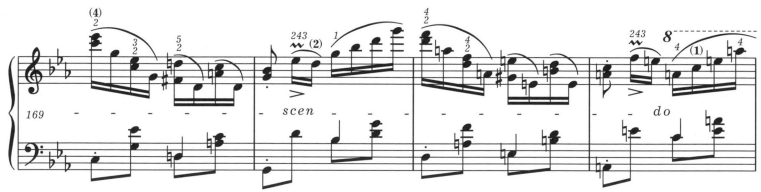

52

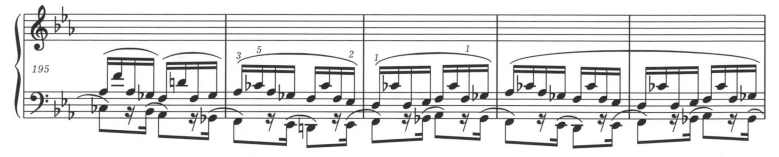

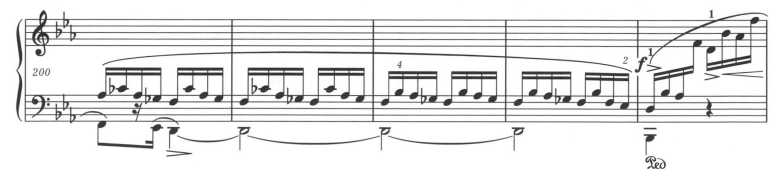

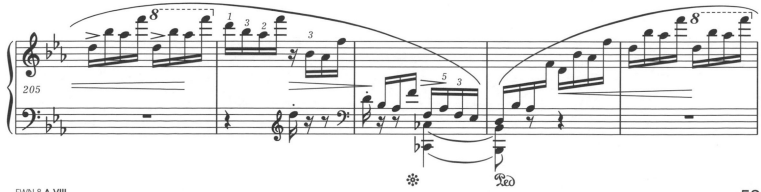

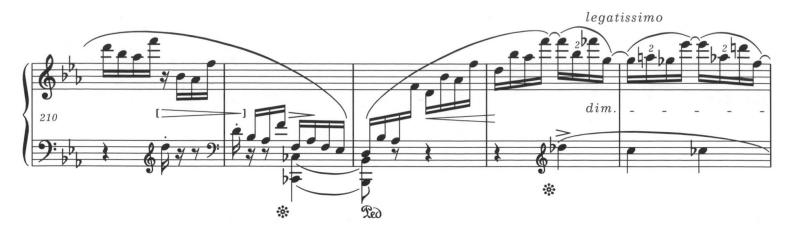

54

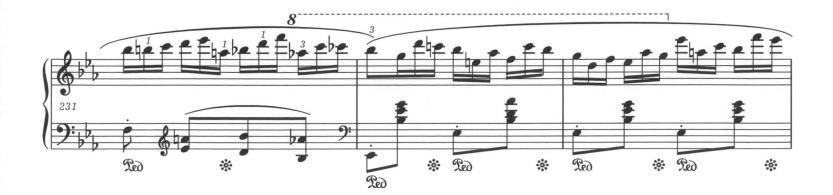

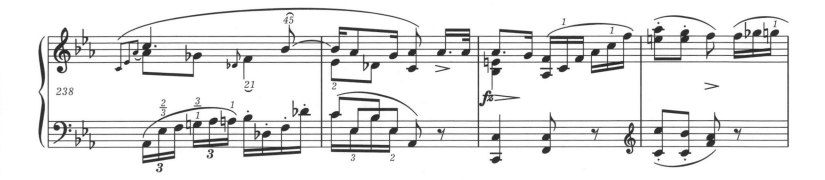

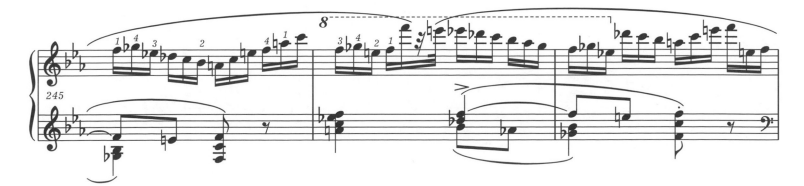

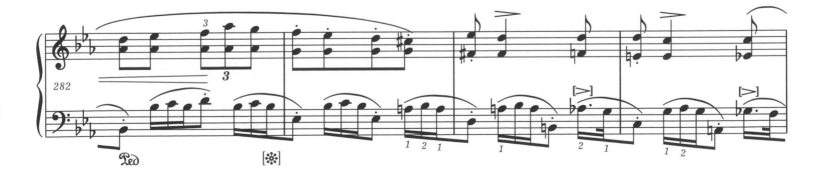

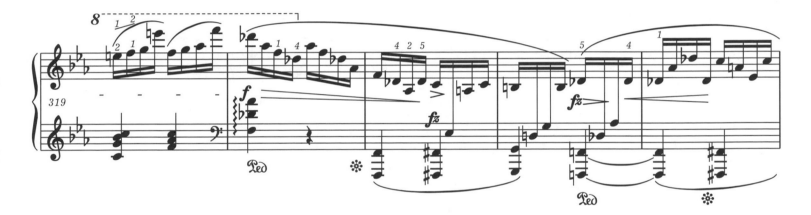

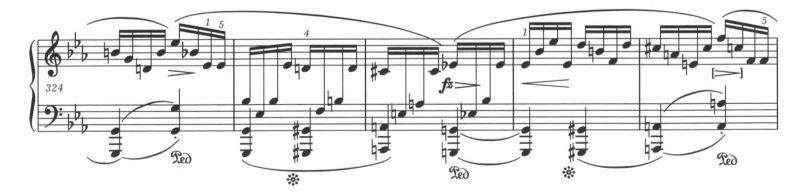

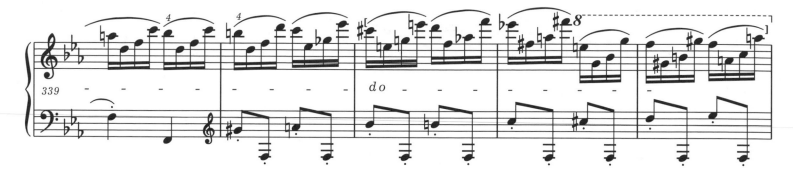

60

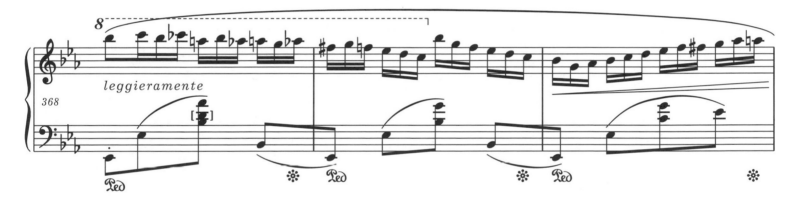

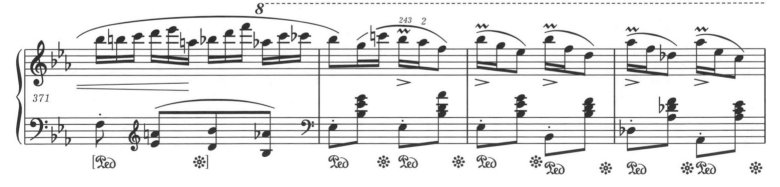

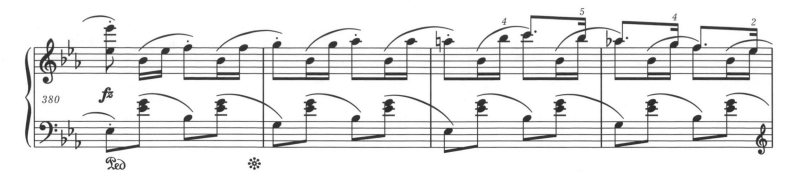

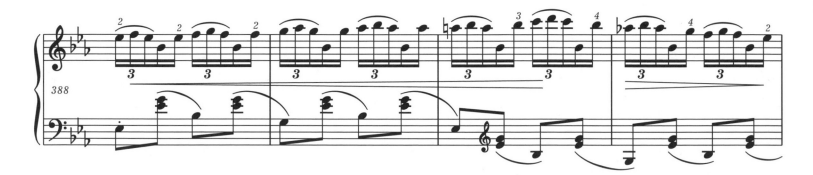

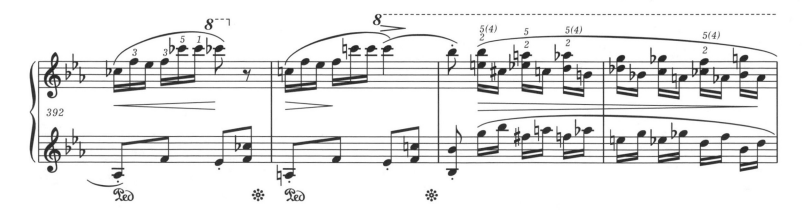

62

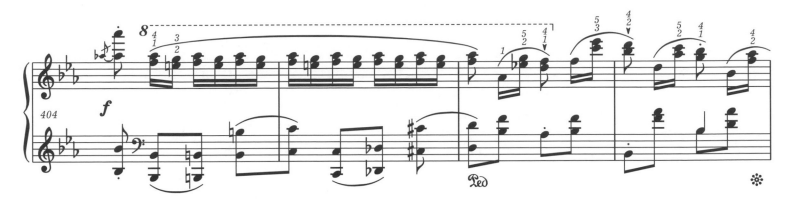

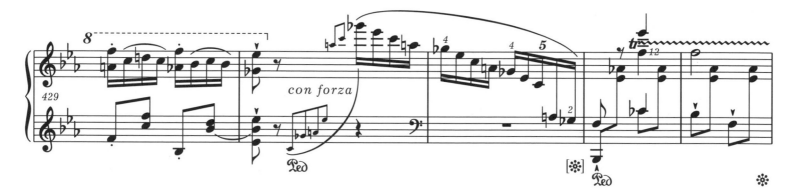

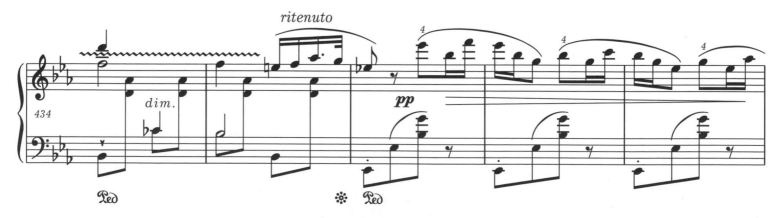

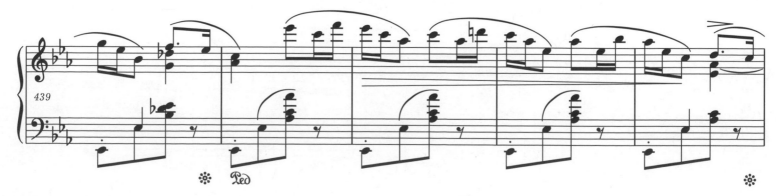

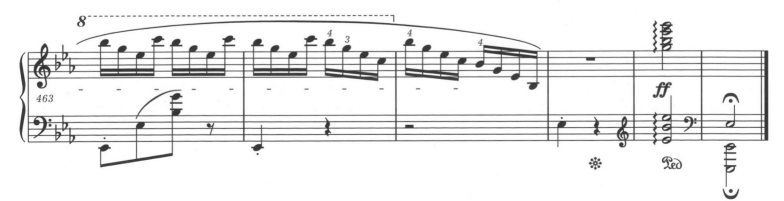

NATIONAL EDITION OF THE WORKS OF FRYDERYK CHOPIN

Plan of the edition

Series A. WORKS PUBLISHED DURING CHOPIN'S LIFETIME

Series B. WORKS PUBLISHED POSTHUMOUSLY

(The titles in square brackets [] have been reconstructed by the National Edition; the titles in slant marks // are still in use today but are definitely, or very probably, not authentic)

1	**A I**	**Ballades** Opp. 23, 38, 47, 52				
2	**A II**	**Etudes** Opp. 10, 25, Three Etudes (Méthode des Méthodes)				
3	**A III**	**Impromptus** Opp. 29, 36, 51				
4	**A IV**	**Mazurkas (A)** Opp. 6, 7, 17, 24, 30, 33, 41, Mazurka in a (Gaillard), Mazurka in a (from the album La France Musicale /Notre Temps/), Opp. 50, 56, 59, 63	25	**B I**	**Mazurkas (B)** in B♭, G, a, C, F, G, B♭, A♭, C, a, g, f
5	**A V**	**Nocturnes** Opp. 9, 15, 27, 32, 37, 48, 55, 62				
6	**A VI**	**Polonaises (A)** Opp. 26, 40, 44, 53, 61	26	**B II**	**Polonaises (B)** in B♭, g, A♭, g♯, d, f, b♭, B♭, G♭
7	**A VII**	**Preludes** Opp. 28, 45				
8	**A VIII**	**Rondos** Opp. 1, 5, 16				
9	**A IX**	**Scherzos** Opp. 20, 31, 39, 54				
10	**A X**	**Sonatas** Opp. 35, 58				
11	**A XI**	**Waltzes (A)** Opp. 18, 34, 42, 64	27	**B III**	**Waltzes (B)** in E, b, D♭, A♭, e, G♭, A♭, f, a
12	**A XII**	**Various Works (A)** Variations brillantes Op. 12, Bolero, Tarantella, Allegro de concert, Fantaisie Op. 49, Berceuse, Barcarolle; *supplement* – Variation VI from "Hexameron"	28	**B IV**	**Various Works (B)** Variations in E, Sonata in c (Op. 4)
			29	**B V**	**Various Compositions** Funeral March in c, [Variants] /Souvenir de Paganini/, Nocturne in e, Ecossaises in D, G, D♭, Contredanse, [Allegretto], Lento con gran espressione /Nocturne in c♯/, Cantabile in B♭, Presto con leggierezza /Prelude in A♭/, Impromptu in c♯ /Fantaisie-Impromptu/, "Spring" (version for piano), Sostenuto /Waltz in E♭/, Moderato /Feuille d'Album/, Galop Marquis, Nocturne in c
13	**A XIIIa**	**Concerto in E minor** Op. 11 for piano and orchestra (version for one piano)	30	**B VIa**	**Concerto in E minor** Op. 11 for piano and orchestra (version with second piano)
14	**A XIIIb**	**Concerto in F minor** Op. 21 for piano and orchestra (version for one piano)	31	**B VIb**	**Concerto in F minor** Op. 21 for piano and orchestra (version with second piano)
15	**A XIVa**	**Concert Works** for piano and orchestra Opp. 2, 13, 14 (version for one piano)	32	**B VII**	**Concert Works** for piano and orchestra Opp. 2, 13, 14, 22 (version with second piano)
16	**A XIVb**	**Grande Polonaise in E♭ major** Op. 22 for piano and orchestra (version for one piano)				
17	**A XVa**	**Variations on "Là ci darem" from "Don Giovanni"** Op. 2. Score				
18	**A XVb**	**Concerto in E minor** Op. 11. Score (historical version)	33	**B VIIIa**	**Concerto in E minor** Op. 11. Score (concert version)
19	**A XVc**	**Fantasia on Polish Airs** Op. 13. Score				
20	**A XVd**	**Krakowiak** Op. 14. Score				
21	**A XVe**	**Concerto in F minor** Op. 21. Score (historical version)	34	**B VIIIb**	**Concerto in F minor** Op. 21. Score (concert version)
22	**A XVf**	**Grande Polonaise in E♭ major** Op. 22. Score				
23	**A XVI**	**Works for Piano and Cello** Polonaise Op. 3, Grand Duo Concertant, Sonata Op. 65	35	**B IX**	**Rondo in C** for two pianos; **Variations in D** for four hands; *addendum* – working version of Rondo in C (for one piano)
24	**A XVII**	**Piano Trio** Op. 8	36	**B X**	**Songs**

37 **Supplement** Compositions partly by Chopin: Hexameron, Mazurkas in F♯, D, D, C, Variations for Flute and Piano; harmonizations of songs and dances: "The Dąbrowski Mazurka", "God who hast embraced Poland" (Largo) Bourrées in G, A, Allegretto in A-major/minor

WYDANIE NARODOWE DZIEŁ FRYDERYKA CHOPINA

Plan edycji

Seria A. UTWORY WYDANE ZA ŻYCIA CHOPINA

Seria B. UTWORY WYDANE POŚMIERTNIE

(Tytuły w nawiasach kwadratowych [] są tytułami zrekonstruowanymi przez WN, tytuły w nawiasach prostych // są dotychczas używanymi, z pewnością lub dużym prawdopodobieństwem, nieautentycznymi tytułami)

1 **A I**	**Ballady** op. 23, 38, 47, 52	
2 **A II**	**Etiudy** op. 10, 25, Trzy Etiudy (Méthode des Méthodes)	
3 **A III**	**Impromptus** op. 29, 36, 51	
4 **A IV**	**Mazurki (A)** op. 6, 7, 17, 24, 30, 33, 41, Mazurek a (Gaillard), Mazurek a (z albumu La France Musicale /Notre Temps/), op. 50, 56, 59, 63	25 **B I** **Mazurki (B)** B, G, a, C, F, G, B, As, C, a, g, f
5 **A V**	**Nokturny** op. 9, 15, 27, 32, 37, 48, 55, 62	
6 **A VI**	**Polonezy (A)** op. 26, 40, 44, 53, 61	26 **B II** **Polonezy (B)** B, g, As, gis, d, f, b, B, Ges
7 **A VII**	**Preludia** op. 28, 45	
8 **A VIII**	**Ronda** op. 1, 5, 16	
9 **A IX**	**Scherza** op. 20, 31, 39, 54	
10 **A X**	**Sonaty** op. 35, 58	
11 **A XI**	**Walce (A)** op. 18, 34, 42, 64	27 **B III** **Walce (B)** E, h, Des, As, e, Ges, As, f, a
12 **A XII**	**Dzieła różne (A)** Variations brillantes op. 12, Bolero, Tarantela, Allegro de concert, Fantazja op. 49, Berceuse, Barkarola; *suplement* – Wariacja VI z „Hexameronu"	28 **B IV** **Dzieła różne (B)** Wariacje E, Sonata c (op. 4)
		29 **B V** **Różne utwory** Marsz żałobny c, [Warianty] /Souvenir de Paganini/, Nokturn e, Ecossaises D, G, Des, Kontredans, [Allegretto], Lento con gran espressione /Nokturn cis/, Cantabile B, Presto con leggierezza /Preludium As/, Impromptu cis /Fantaisie-Impromptu/, „Wiosna" (wersja na fortepian), Sostenuto /Walc Es/, Moderato /Kartka z albumu/, Galop Marquis, Nokturn c
13 **A XIIIa**	**Koncert e-moll** op. 11 na fortepian i orkiestrę (wersja na jeden fortepian)	30 **B VIa** **Koncert e-moll** op. 11 na fortepian i orkiestrę (wersja z drugim fortepianem)
14 **A XIIIb**	**Koncert f-moll** op. 21 na fortepian i orkiestrę (wersja na jeden fortepian)	31 **B VIb** **Koncert f-moll** op. 21 na fortepian i orkiestrę (wersja z drugim fortepianem)
15 **A XIVa**	**Utwory koncertowe** na fortepian i orkiestrę op. 2, 13, 14 (wersja na jeden fortepian)	32 **B VII** **Utwory koncertowe** na fortepian i orkiestrę op. 2, 13, 14, 22 (wersja z drugim fortepianem)
16 **A XIVb**	**Polonez Es-dur** op. 22 na fortepian i orkiestrę (wersja na jeden fortepian)	
17 **A XVa**	**Wariacje na temat z** *Don Giovanniego* **Mozarta** op. 2. Partytura	
18 **A XVb**	**Koncert e-moll** op. 11. Partytura (wersja historyczna)	33 **B VIIIa** **Koncert e-moll** op. 11. Partytura (wersja koncertowa)
19 **A XVc**	**Fantazja na tematy polskie** op. 13. Partytura	
20 **A XVd**	**Krakowiak** op. 14. Partytura	
21 **A XVe**	**Koncert f-moll** op. 21. Partytura (wersja historyczna)	34 **B VIIIb** **Koncert f-moll** op. 21. Partytura (wersja koncertowa)
22 **A XVf**	**Polonez Es-dur** op. 22. Partytura	
23 **A XVI**	**Utwory na fortepian i wiolonczelę** Polonez op. 3, Grand Duo Concertant, Sonata op. 65	35 **B IX** **Rondo C-dur** na dwa fortepiany; **Wariacje D-dur** na 4 ręce; *dodatek* – wersja robocza Ronda C-dur (na jeden fortepian)
24 **A XVII**	**Trio na fortepian, skrzypce i wiolonczelę** op. 8	36 **B X** **Pieśni i piosnki**

37 **Suplement** Utwory częściowego autorstwa Chopina: Hexameron, Mazurki Fis, D, D, C, Wariacje na flet i fortepian; harmonizacje pieśni i tańców: „Mazurek Dąbrowskiego", „Boże, coś Polskę" (Largo), Bourrées G, A, Allegretto A-dur/a-moll

Okładka i opracowanie graficzne · Cover design and graphics: MARIA EKIER
Tłumaczenie angielskie · English translation: JOHN COMBER

Fundacja Wydania Narodowego Dzieł Fryderyka Chopina
ul. Okólnik 2, pok. 405, 00-368 Warszawa
www.chopin-nationaledition.com

Polskie Wydawnictwo Muzyczne SA
al. Krasińskiego 11a, Kraków
www.pwm.com.pl

Wyd. I. Printed in Poland 2022. Drukarnia REGIS Sp. z o.o.
05-230 Kobyłka, ul. Napoleona 4

M-9013328-5-0
ISBN 83-920365-5-7